Système Affiliation:
La Nouvelle Façon Pour Enfin Vivre De Son Blog Par L'Affiliation Et Devenir Riche Sans Créer Un Seul Produit.

TABLE DES MATIÈRES

INTRODUCTION

Félicitations et bienvenue dans ce programme qui va vous permettre de réussir avec l'affiliation là où 99% des gens échouent.

Vous allez découvrir la nouvelle manière qui fonctionne vraiment pour faire de l'affiliation sur votre blog ou sur vos sites web, et qui est bien loin de ce que vous avez peut-être pu apprendre ou de ce que font la plupart des gens qui ne gagnent que des miettes.

L'énorme majorité a en effet tendance à utiliser les méthodes classiques d'affiliation à la "grand papa", qui sont désormais dépassées.

Vous en avez d'ailleurs peut-être déjà essayé quelques-unes, sans grand succès.

Parmi elles, vous trouvez notamment la rédaction d'articles en espérant qu'un gentil visiteur va cliquer sur les liens que vous y mettez puis commandera le produit.

Ou encore, vous avez l'achat de bannières publicitaires qui redirigent les visiteurs vers la page de vente du produit d'affiliation, mais qui souvent vous font perdre plus d'argent que ça vous en rapporte car personne n'achète vraiment.

Le système que vous allez découvrir n'a rien à voir avec tout ça, et va vous permettre de monter un véritable business lucratif autour de l'affiliation, et de rejoindre les 1% des affiliés qui raflent toute la mise, et qui laissent les 99% restants se partager les miettes.

Voici Le Programme

Voici tout ce que vous saurez faire dès que vous aurez mis ce programme en application, et tout peut être prêt et opérationnel dès ce soir.

Voici le détail du programme qui vous guidera pas-à-pas vers la mise en place du système affiliation:

Module #1
Dès la fin du premier module, vous saurez exactement comment refaire le marketing autour d'une offre d'affiliation pour la rendre irrésistible.

Vous saurez également comment procéder pour vous créer une base de clients récurrents, et ne pas laisser les clients qui achètent votre produit s'échapper dans la nature et remplir uniquement la liste de clients du propriétaire de l'offre dont vous faites la promotion, mais aussi la vôtre.

Vous comprendrez exactement pourquoi les techniques d'affiliation classique ne fonctionnent pas, et pourquoi vous ne pourrez jamais vraiment gagner votre vie avec et encore moins penser à devenir riche.

Module #2
A la fin du second module, vous aurez sélectionné un produit qui fonctionne vraiment en affiliation et qui va vraiment être rentable pour vous. Vous allez voir les critères exacts pour choisir ce type de produit gagnant et le genre de produits qu'il vous faut absolument éviter.

Module #3

Le module 3 va vous permettre de mettre en place l'intégralité de votre système affiliation pas-à-pas, en quatre étapes. Dès la fin de ce module, votre système sera totalement en place, prêt à fonctionner.

Module #4

A la fin du 4ème module, vous allez voir comment vous pouvez créer un business entier à long terme autour de l'affiliation, et duquel vous pouvez vivre et devenir riche pour de nombreuses années à venir.

Vous allez voir comment agencer sur votre site les différentes offres d'affiliation que vous allez créer, comment continuer à vendre à vie à vos clients dès qu'ils vous ont acheté au moins un produit, et la manière astucieuse de recycler vos offres d'affiliation une fois que la période de lancement est passée.

Bref, à la fin de ce programme, vous aurez un business totalement autonome, avec un blog qui vous permettra de très bien vivre uniquement avec l'affiliation.

Vous n'aurez même plus besoin d'essayer de monétiser votre blog en mettant des bannières publicitaires partout, et qui bien souvent ne vous font gagner que quelques euros ou dizaines d'euros.

On se retrouve tout de suite dans le premier module.

MODULE #1: LA NOUVELLE FAÇON DE FAIRE DE L'AFFILIATION

A la fin de ce module vous connaîtrez les deux leviers qui vont vous permettre de remarketer une offre d'affiliation pour la rendre irrésistible.

Vous allez également voir comment vous pourrez vendre deux à trois fois plus en capitalisant et en constituant votre base de données de clients.

Vous verrez aussi pourquoi les techniques classiques utilisées pour faire de l'affiliation ne fonctionnent pas, ou très rarement.

Vous avez d'ailleurs peut-être vous-mêmes essayé certaines de ces techniques comme écrire des articles en espérant que quelqu'un va cliquer sur le lien que vous avez mis dedans, acheter des bannières qui envoient les visiteurs vers votre offre d'affilié, créer une vidéo mise sur Youtube avec un lien d'affilié etc.

Ces méthodes sont celles utilisées par la très grosse majorité de ceux qui essaient de gagner de l'argent avec l'affiliation, et ne vous rapporteront en général pas grand chose à la fin du mois pour vraiment vivre de d'affiliation avec votre blog ou votre site.

Le problème réside dans le fait que pour acheter un produit d'affiliation, les gens ont besoin d'un motivateur fort.

La motivation créée doit être tellement forte qu'elle doit pouvoir pousser des gens qui ont déjà le produit à le racheter une deuxième fois, uniquement pour pouvoir passer par votre lien d'affilié.

Un article simple ou une bannière n'est plus suffisant pour engager suffisamment les visiteurs ou les motiver à acheter par votre lien.

En remarketant votre offre d'affilié de la manière dont vous allez voir, vous allez créer une sorte de rush vers votre offre que vous aurez rendue irrésistible, si bien que les gens ne voudront plus passer que par votre lien et pas celui d'un autre qui fait la promotion du même produit.

Voyons voir juste avant un bref rappel de ce qu'est l'affiliation et de ses avantages.

Définition De L'Affiliation Et Ses Avantages

Le principe de l'affiliation consiste à vendre les produits des autres et de toucher une commission sur chaque vente que vous faites.

Le grand intérêt est que vous pouvez commencer à vendre immédiatement sans avoir à passer des semaines ou des mois à créer votre produit.

Vous n'avez pas non plus besoin de gérer tout ce qui est support client, modes de paiements, expéditions ou réglementations etc.

Les avantages sont extrêmement nombreux, à condition de savoir faire de l'affiliation de la bonne manière pour vraiment pouvoir en vivre et devenir riche.

Les Deux Leviers Pour Remarketer Votre Produit D'Affiliation

Le but dans ce programme est d'atteindre par l'affiliation un niveau de revenus équivalent voire supérieurs à ceux que vous pourriez espérer avoir en créant vos propres produits.

L'idée va donc consister à refaire le marketing de l'offre pour laquelle vous faites la promotion en utilisant les mêmes éléments que ceux qui fonctionnent quand vous créez votre propre produit.

En effet, le marketing de beaucoup de produits d'affiliation est souvent fait à la "grand papa", avec un marketing un peu vieillot et pas assez agressif pour être vraiment efficace, comme on peut le voir par exemple sur les produits disponibles sur la plateforme CJ Affiliate (anciennement Commission Junction).

Effectivement, faire confiance au marketing de l'affilieur n'est pas forcément toujours une bonne chose, surtout pour des produits non digitaux.

La raison est que certains produits d'affiliation proposés par des grosses entreprises doivent passer par dix voire quinze personnes différentes avant d'être validés, et des personnes qui ne sont pas forcément formées au marketing Internet.

Ces personnes utilisent alors souvent des méthodes marketing un peu obsolètes inspirées du marketing direct d'il y a dix ou vingt ans qu'on peut voir dans les journaux ou les magazines, mais qui n'ont rien à voir avec du marketing Internet.

Il va donc falloir remarketer l'offre pour la rendre irrésistible et créer un effet de rush en utilisant ces deux leviers:

1) Ajouter de la valeur à l'offre

2) Ajouter de l'urgence à l'offre

Voyons-les plus en détails dans les parties suivantes.

Levier 1: Ajouter De La Valeur A l'Offre

Ajouter de la valeur à l'offre va vous permettre de faire en sorte que même des gens qui ont déjà acheté le produit d'affiliation vont être prêts à le racheter uniquement pour passer par votre lien.

L'idée ici pour ajouter de la valeur à l'offre va consister à offrir quelque chose en plus du produit d'affiliation.

Et ce quelque chose en plus va devoir avoir une valeur perçue par le client comme étant supérieure ou au minimum égale au prix du produit d'affiliation qu'ils vont acheter.

Par exemple si votre produit d'affiliation coûte 57€, vous allez leur donner quelque chose de supplémentaire qui a pour eux une valeur supérieure ou au minimum égale à 57€. C'est très important.

Et quel est donc ce quelque chose me direz-vous?

Ça consiste tout simplement à leur donner avec le produit qu'ils achètent une solution qui va représenter à leurs yeux beaucoup plus de valeur que le prix proposé du produit d'affiliation seul.

Le meilleur moyen pour ça est de leur donner gratuitement une formation, ou une méthode pour réussir à faire telle ou telle chose avec le produit d'affiliation qu'ils vont acheter.

Le but est donc de donner de l'information gratuitement aux gens qui ont acheté le produit en passant par votre lien d'affiliation.

Exemple 1

Par exemple, si vous faites la promotion d'un logiciel pour réaliser des vidéos de vente professionnelles, vous allez leur dire:

"Si vous achetez ce logiciel, je vous prend par la main pour créer votre première vidéo de vente en moins de 20 minutes. Envoyez-moi votre preuve d'achat et je vous envoie juste après gratuitement la formation vidéo (ou sous forme de fichier PDF) pour créer votre première vidéo de vente et l'uploader sur Youtube."

Vous ajoutez ici de la valeur au logiciel en apprenant aux gens comment se servir efficacement du logiciel de création vidéo pour avoir des résultats.

Mais vous pouvez très bien leur offrir gratuitement une méthode qui leur montre comment gagner de l'argent avec ce même logiciel.

Le but est de faire en sorte que ce que vous allez donner en plus du logiciel soit perçu comme ayant une valeur supérieure ou égale au prix du logiciel.

Exemple 2

Si vous vendez par exemple un produit d'affiliation qui est un plugin pour Photoshop, vous pouvez de la même manière proposer aux gens une formation leur montrant comment réaliser tel ou tel effet en 5 minutes avec ce plugin.

Il suffira alors aux gens de vous envoyer la preuve d'achat par email, par exemple la date d'achat et le numéro de facture Paypal si l'achat s'est fait par Paypal, et vous leur envoyez dans la journée la formation gratuite pour prendre en main le plugin Photoshop et obtenir l'effet désiré.

Vous verrez qu'ainsi, vous aurez des gens qui vont racheter le produit en passant par votre lien d'affilié, juste pour avoir le complément d'information que vous leur donnerez!

Rassurez-vous, il ne s'agit absolument pas de passer des semaines ou des mois à créer un produit de formation bien rôdé et optimisé que vous allez donner ensuite gratuitement.

Le but ici est justement de ne pas avoir à créer de produit.

Vous n'aurez besoin que de quelques minutes pour créer ce complément d'informations que vous allez donner et vous verrez exactement comment faire dans le module 3.

Le truc en plus pour donner encore plus de valeur à l'offre.

Un truc qui marche très bien pour augmenter encore davantage la valeur perçue est de donner une valeur chiffrée au prix de la solution que vous allez donner gratuitement.

Par exemple, si le produit dont vous faites la promotion coûte 67€, vous pouvez dire que vous offrez gratuitement une formation d'une valeur de 97€ ou de 127€ si la personne passe par votre lien d'affilié.

Si vous utilisez ce truc, il faut dans tous les cas que le prix que vous annoncez pour ce que vous allez donner gratuitement soit supérieur ou égal au prix du produit.

Chiffrer ce que vous allez donner gratuitement est un petit plus qui va permettre de cristalliser la valeur perçue dans la tête du futur acheteur.

Levier 2: Ajouter De l'Urgence A l'Offre

En plus d'avoir ajouté de la valeur avec le premier levier, vous aller y combiner le deuxième levier en ajoutant de l'urgence à votre offre.

Ajouter de l'urgence va vous permettre en moyenne de vendre cinq à dix fois plus que s'il n'y en avait pas.

Le principe est que vous allez offrir la formation gratuite qui a une valeur supérieure au prix du produit d'affiliation, mais uniquement pour une période limitée qui doit impérativement être inférieure à quatre jours.

En effet, plus le délai est court, et plus vous allez créer du rush rapidement, et des délais supérieurs ou égaux à quatre jours fonctionneront moins bien car ils ne seront plus assimilés à de l'urgence par les gens.

Voici quelques exemples de ce que vous pouvez dire:

"Je vous offre cette formation d'une valeur supérieure au prix du produit, mais ça fini dans 48h."

"Je vous donne gratuitement telle méthode d'une valeur de 97€ si vous achetez le produit avant Jeudi matin à 9h00."

"Vous avez encore droit à la formation gratuite si vous commandez dans les deux jours."

Etc.

Dites-le comme vous voulez, mais veillez toujours à ce que le délai que vous annoncez soit inférieur à quatre jours si vous voulez les meilleurs résultats.

Vous connaissez maintenant les deux leviers pour remarketer votre produit d'affiliation.

Il est impératif d'utiliser ces deux leviers en même temps pour créer ce rush et cette sensation de produit irrésistible.

Si vous n'utilisez pas ces deux leviers, vous retournerez à la manière classique et peu efficace de faire de l'affiliation, et vous ne pourrez certainement jamais obtenir des résultats qui vous permettront d'en vivre, et encore moins devenir riche.

Vous allez maintenant voir une troisième chose qui va venir s'ajouter à ces deux leviers, et qui va vous permettre de vendre entre deux à trois fois plus.

Capturer l'Email De Vos Clients

Trouver un moyen de capturer l'email de vos clients est une chose fondamentale pour construire un business durable en affiliation en restant en contact avec vos clients.

De cette manière, vous allez pouvoir les recontacter pour leur proposer régulièrement de nouvelles offres, et vous pourrez ainsi vendre deux à trois fois plus que si vous ne constituez pas votre base de clients.

En effet, la plupart des personnes qui se lancent dans le marketing d'affiliation ne pensent pas à capitaliser les adresses emails de leurs clients et à bâtir leur liste.

Ils se contentent juste d'envoyer les visiteurs sur leur offre d'affilié via un lien sur un article, un commentaire sur un forum, ou une bannière publicitaire.

Et si jamais le visiteur décide d'acheter, vous n'aurez aucun moyen de le recontacter par la suite.

Par contre, le propriétaire du produit d'affiliation dont vous faites la promotion sera bien content car non seulement vous lui amenez des ventes, mais vous lui permettez aussi d'agrandir sa liste de clients qu'il pourra recontacter après, puisque le client lui aura donné son adresse email lors du processus achat.

Il va donc falloir trouver un moyen pour que vous aussi puissiez profiter de la vente pour bâtir votre propre liste de clients et pas celle des autres.

Ne pas capturer l'email des clients est peut-être la plus grosse erreur que vous pourriez faire si vous voulez monter un business en affiliation qui soit sérieux et durable.

Il est en plus beaucoup plus facile de vendre quelque chose à une personne qui a déjà acheté chez vous qu'à quelqu'un qui ne l'a jamais fait. Alors pourquoi vous priver de ce trésor?

Vous verrez exactement comment procéder pour capturer l'email des clients dans le module 3.

Vous connaissez maintenant tous les éléments qui vont vous permettre de refaire le marketing complet de votre offre d'affilié grâce aux deux leviers vus précédemment, et d'assurer un business à long terme en capturant l'email de vos clients.

Vous avez également compris les trois erreurs à ne surtout pas faire si vous souhaitez vraiment vivre de l'affiliation et devenir riche:

Erreur 1: Ne pas faire confiance au marketing de l'affilieur.

Erreur 2: Ne pas capturer les emails.

Erreur 3: Utiliser les méthodes de l'affiliation classique (articles avec un simple lien, bannières etc.).

Vous allez maintenant voir dans le module suivant comment sélectionner le bon produit d'affiliation, et les produits à ne surtout pas choisir.

MODULE #2: SÉLECTIONNER LE BON PRODUIT D'AFFILIATION

A la fin de ce module, vous aurez sélectionné votre produit d'affiliation de la bonne manière pour être sûr qu'il va se vendre comme des petits pains et qu'il va vous permettre de gagner beaucoup d'argent.

Vous connaîtrez également les meilleurs endroits pour trouver vos produits d'affiliation.

Beaucoup d'affiliés se lancent un peu à l'aveuglette en choisissant un produit souvent au hasard ou sans trop de critères, et après s'étonnent que celui-ci ne fonctionne pas.

Il est évident que si vous choisissez un produit dont personne ne veut et dont personne n'a vraiment besoin, vous aurez du mal à vous en sortir même en appliquant à la lettre les stratégies du module 1.

De la même manière, il existe des produits dont les gens raffolent, mais que vous devez absolument éviter aussi car ils ne vous permettront pas de créer un business sur le long terme.

Le choix du bon produit d'affiliation est donc crucial dans le processus du système affiliation, et vous obtiendrez des résultats bluffants si vous sélectionnez votre produit d'affiliation selon les critères de sélection détaillés dans la partie suivante.

Critères Pour Sélectionner Un Bon Produit d'Affiliation

Il y a trois types de produits d'affiliation sur lesquels je vous conseille de vous arrêter.

Juste avant de voir ces trois types, nous allons voir certains principes de bon sens que tous les produits doivent systématiquement respecter qui sont:

- Une taille d'audience suffisante
- Un prix assez élevé
- Un commission assez élevée

Voici quelques mots rapides sur ces trois principes dans les pages suivantes.

Une taille d'audience suffisante

Bien entendu, l'audience qui peut être intéressée par votre produit d'affiliation doit être assez large.

Il ne fait pas sens de choisir un produit d'affiliation qui ne peut intéresser que quelques dizaines de personnes en France ou dans le monde. Au maximum vous ne pourrez jamais faire plus d'une dizaine de ventes.

Assurez vous donc que l'audience et la niche dans laquelle vous choisissez votre produit d'affiliation soit assez grande et comporte au minimum plusieurs milliers de personnes.

Un prix assez élevé

De la même manière, je vous conseille de choisir un produit qui se vend au minimum 50 euros (ou 50 dollars s'il s'agit d'un produit sur le marché international).

A commission égale, retenez que ça vous prendra exactement les mêmes efforts de faire la promotion d'un produit vendu 4 euros qu'un produit vendu 80 euros.

La seule différence c'est que vous aurez besoin de 20 fois plus de visiteurs pour obtenir le même chiffre d'affaire qu'un produit à 80 euros si vous choisissez un produit à 4 euros.

Ne perdez pas votre temps et vos efforts pour récolter des miettes (à moins d'être vraiment sûr que le produit est va devenir viral ou que vous souhaitiez en faire un produit d'appel pour vendre par la suite un produit beaucoup plus cher).

Une commission assez élevée

D'une manière générale, je vous conseille de ne pas prendre de produit ayant d'une commission inférieure à 20 ou 30%.

Vos efforts sont faits surtout pour remplir d'abord votre poche et pas la poche du propriétaire du produit d'affiliation pas vrai?

Même si vous avez un produit d'affiliation avec un prix de 100€ mais que votre commission n'est que de 2%, vous ne gagnerez que 2€ à chaque vente.

Par contre si vous gagnez 50% à chaque vente, c'est directement 50 euros que vous gagnez par vente, soit 25 fois plus!

En général les commissions les plus grandes se font sur les produits qui ne coûtent rien à fabriquer, c'est-à-dire les produits digitaux plutôt que les produits physiques, tels que logiciels, plugins, services en ligne etc.

Pensez-y et évitez les produits à commission trop faible.

Maintenant que ces principes de bon sens ont été remémorés, voici dans les pages suivantes les trois types de produits de produits d'affiliation que je vous recommande très fortement de choisir.

Type de produit 1: Un produit qui fait rêver les gens mais difficile à maîtriser

Le premier type de produit d'affiliation consiste à choisir un produit que les gens adoreraient posséder et qui les fait rêver, mais qui soit difficile à maîtriser.

Il s'agit souvent de produits connus et très populaires, mais qu'il n'est pas évident de prendre en main et d'utiliser rapidement.

Il sera donc très intéressant pour les gens d'avoir une formation que vous leur offrirez gratuitement s'ils passent par votre lien d'affilié qui leur expliquera comment prendre en main ce produit, ou comment réaliser telle ou telle chose avec.

Par exemple, ça peut être un logiciel de musique pour permettre aux gens de créer leur première musique, mais qui est une véritable usine à gaz à prendre en main.

Les personnes qui achètent ce logiciel seraient ravies de se voir offrir en plus une formation (celle que vous allez créer pour eux et leur offrir s'ils achètent par votre lien) qui leur permettra par exemple de créer leur premier morceau de musique en moins de vingt minutes.

Il peut aussi s'agir d'un service en ligne dont vous faites la promotion, par exemple d'un autorépondeur de type Aweber ou Getresponse pour leur permettre de construire leur mailing liste.

Les débutants dans le marketing Internet ne sauront pas forcément comment mettre en place une mailing liste avec

Aweber, et ils apprécieront d'avoir une petite formation que vous leur offrirez gratuitement s'ils passent par votre lien d'affilié.

Vous verrez comment créer la formation gratuite que vous offrirez plus en détails dans le module 3, et ça ne vous prendra que quelques minutes, pas plus.

Type de produit 2: Un produit qui résout un problème pénible et urgent mais qui demande une formation

Le deuxième type de produit consiste à choisir un produit d'affiliation qui résout un problème pénible et urgent, et qui est un peu difficile à prendre en main sans avoir une formation.

Il existe une quantité illimitée de problèmes qui peuvent à la fois être très gênants et qui doivent être résolus rapidement.

Par exemple, il peut s'agir d'un plugin Wordpress qui vous permet de restaurer en dix minutes la base de données de votre blog qui vient de crasher.

Pour autant, la procédure pour utiliser ce plugin n'est pas forcément simple et une formation pour savoir comment l'utiliser serait plus qu'utile, surtout s'il faut restaurer votre blog le plus vite possible.

Type de produit 3: Un produit en anglais

Choisir un produit d'affiliation dont le mode d'utilisation est en anglais ou dans une langue étrangère est un excellent moyen de proposer une formation gratuite en français pour permettre aux gens qui ne parlent pas anglais de comprendre rapidement comment l'utiliser.

De la même manière, il peut s'agir d'un logiciel, d'un plugin, d'un service en ligne etc.

Et si votre produit correspond déjà au type de produit 1 ou 2 et qu'en plus il est en anglais, c'est encore mieux car une langue étrangère va rajouter encore davantage de complexité que vous pourrez facilement annuler avec votre formation.

Dans tous les cas comme ça a été vu dans le module 1, retenez que la valeur de la formation que vous allez offrir gratuitement doit être supérieure ou au minimum égale au prix du produit.

La valeur de votre formation ou de ce que vous allez donner gratuitement doit être telle que les gens seraient prêts à racheter le produit même s'ils l'ont déjà acheté avant.

Vous connaissez maintenant exactement les bons types de produits à sélectionner pour vraiment gagner de l'argent avec d'affiliation.

Il y a toutefois une exception et une sorte de produit que je vous déconseille vraiment de choisir pour faire de l'affiliation, que j'explique dans la page suivante.

Evitez Les Affiliations Sur Les Formations

Certains produits d'affiliation, les formations, peuvent très bien correspondre aux types de produits mentionnés précédemment.

Je vous déconseille cependant de choisir de faire de l'affiliation sur des formations pour deux raisons.

La première, c'est que la valeur ajoutée que vous allez offrir gratuitement est déjà une formation. Ça ferait redondance et vous n'allez pas offrir une formation pour expliquer une formation.

La deuxième est qu'en achetant une formation, on rentre dans un état d'esprit et on peut devenir fan du formateur ou de la formatrice et acheter ensuite exclusivement ses produits.

Du coup, vous risquez d'avoir par la suite beaucoup plus de mal à revendre d'autres produits (formations ou autres) à vos clients qui préféreront acheter les produits de formation du créateur dont ils sont devenus fans.

Les Meilleures Plateformes d'Affiliation

Voici quatre plateformes d'affiliation que j'utilise et où vous pourrez certainement vous aussi y trouver un bon produit d'affiliation:

1- Clickbank

La plus grande plateforme sur Internet spécialisée dans les produits digitaux.

Lien: http://international.clickbank.com/fr/

2- JVZoo

Une plateforme de produits digitaux souvent de grande qualité, qui est pour le moment en anglais. Vous pouvez y trouver de vraies perles.

Lien: http://www.jvzoo.com

3- 1TPE

Si vous cherchez une plateforme purement francophone, la plus importante est 1tpe.

Lien: http://www.1tpe.com/

4- CJ Affiliate

Cette plateforme propose aussi bien des produits d'affiliation digitaux que physiques et vous aurez le choix entre une large variété.

Lien: http://www.fr.cj.com/

Il existe bien évidemment beaucoup d'autres plateformes d'affiliation très bien.

Il suffit juste de taper sur Google "Meilleures Plateformes d'Affiliation" ou "Best Affiliate Networks" et regarder des témoignages de personnes les utilisant pour trouver celle qui vous correspond le mieux.

Utilisez Les Affiliations Directes

Hormis les plateformes d'affiliation, je vous conseille aussi d'utiliser les affiliations directes qui peuvent parfois proposer des pourcentages beaucoup plus intéressants.

Voici comment trouver toutes les affiliations directes intéressantes dans votre domaine:

Par exemple si vous êtes dans le graphisme, vous pouvez taper dans Google "Best Affiliate Programs Graphic Design".

De la même manière si vous êtes dans la création musicale, vous pouvez taper dans Google "Best Affiliate Programs Music Software".

Que Faire Une Fois Que Vous Avez Sélectionné Un Produit d'Affiliation

Une fois que vous avez choisi un produit d'affiliation en utilisant les critères de sélection vus précédemment, il est temps d'acheter et de maîtriser ce produit.

Informez-vous sur la manière d'utiliser ce produit, prenez-le en main, lisez plusieurs tutoriaux pour bien savoir vous en servir.

Une fois que vous le maîtrisez, il vous sera beaucoup plus facile de l'expliquer aux gens dans la formation que vous leur donnerez gratuitement.

Devez-vous forcément acheter le produit d'affiliation?

Vous pouvez aussi choisir de ne pas acheter le produit d'affiliation, mais je vous le déconseille fortement.

Si vous n'achetez pas le produit dont vous voulez faire la promotion, vous devrez bien souvent justifier de votre capacité à le vendre auprès du propriétaire du produit afin qu'il vous accepte comme affilié. Et ce n'est pas gagné.

En revanche si vous possédez déjà le produit, le notifier au propriétaire est une condition suffisante pour qu'il vous accepte automatiquement comme affilié.

De plus, vous aurez beaucoup plus de mal à faire la promotion du produit et à expliquer aux gens comment l'utiliser si vous-mêmes n'y avez jamais touché.

Bref, ne pas acheter le produit que vous voulez promouvoir ne fait pas vraiment de sens, en particulier pour vous qui souhaitez faire de l'affiliation un mode de rémunération sérieux pour votre blog ou votre site.

Ceci termine la partie de sélection du bon produit d'affiliation.

Vous avez désormais sélectionné le bon produit d'affiliation à promouvoir et vous le maîtrisez.

Vous connaissez également tout ce qu'il faut savoir sur les produits qu'il faut à tout prix éviter si vous voulez pouvoir vivre et devenir riche avec l'affiliation.

Vous allez maintenant voir le système de promotion en quatre étapes à mettre en place autour de ce produit dans le module suivant.

MODULE #3: LE SYSTÈME DE PROMOTION EN QUATRE ÉTAPES

A la fin de ce module vous aurez mis en place le système de promotion complet de votre produit d'affiliation qui sera prêt à vendre.

Ce système de promotion possède quatre étapes et intègre tout ce qui a été dit précédemment dans un plan concret d'actions.

En l'utilisant, vous allez pouvoir faire décoller votre business d'affiliation, gagner beaucoup d'argent et obtenir des résultats qui vont certainement vous bluffer.

C'est pour ça qu'il est très important de bien respecter et d'appliquer l'ensemble de ces quatre étapes, sans en rater une seule.

Voici ces quatre étapes dans les pages qui suivent.

Etape 1: Donner Une Information Gratuite Liée Au Produit

La première étape consiste à créer un article de blog sous forme de mini tutoriel.

Le grand intérêt d'un mini tutoriel est double: il va à la fois attirer l'attention sur le produit d'affiliation, mais aussi montrer aux gens que vous êtes capable de leur apprendre des choses.

Ce mini tutoriel va être perçu comme quelque chose qui va donner de l'information intéressante que les gens vont avoir envie de voir et de partager, plutôt que comme quelque chose qui est destiné à vendre, ce qui va davantage engager l'audience.

Il peut se faire sous forme d'article écrit posté sur votre blog, ou sous forme de vidéo que vous uploadez par exemple sur Youtube puis que vous intégrez sur votre blog.

L'idée de l'article écrit ou vidéo est de ne pas en donner trop mais juste un peu.

En ce sens, évitez de montrer la vue globale de tout ce que vous pouvez faire avec le produit et focalisez vous plutôt sur un avantage, ou une chose que vous pouvez faire avec le produit. N'en donnez pas plus.

Voyons ci-dessous deux exemples d'articles, l'un sous forme écrite, l'autre sous forme vidéo.

Exemple 1: Article sous forme écrite

Si vous faites la promotion d'un plugin Photoshop vous permettant de faire plein d'effets et retouches sur vos images, vous pouvez par exemple poster une ou deux images que vous avez obtenues avec un effet particulier, et expliquer comment les gens peuvent obtenir le même effet avec le plugin en décrivant la démarche que vous avez utilisée.

Ensuite à la fin de l'article vous allez proposer votre offre aux gens. La manière de proposer l'offre sera décrite dans la deuxième étape du système de promotion.

Exemple 2: Article sous forme vidéo

Si vous faites la promotion d'un logiciel de création de musique, vous pouvez filmer votre écran et montrer comment obtenir un effet sonore particulier ou ajouter un son de batterie sur une musique existante.

De la même manière si vous faites la promotion d'un site à abonnement par exemple sur un programme de musculation, vous pouvez filmer votre écran pour faire découvrir un moyen efficace de muscler ses abdominaux, en naviguant dans la section correspondante à l'intérieur du site à abonnement.

Un article vidéo n'a pas besoin d'être long. Je vous conseille une durée comprise entre 2 et 4 minutes.

A la fin de la vidéo, vous allez comme pour l'exemple 1 proposer votre offre durant une minute supplémentaire.

La manière de proposer votre offre constitue la deuxième étape que vous allez découvrir sur la page suivante.

Etape 2: Amener Votre Offre

A la fin de votre article, qu'il soit sous forme écrite ou sous forme vidéo, vous allez amener votre offre en utilisant les deux leviers vus au module 1 qui servent à remarketer votre offre: l'ajout de valeur et l'ajout d'urgence.

Pour ça, vous aller ajouter la valeur et l'urgence en écrivant ou disant par exemple:

"Si vous faites l'acquisition de ce produit (ou si vous téléchargez ce logiciel ou ce plugin selon votre produit) en passant par ce lien, alors vous avez encore droit seulement pour les deux prochains jours (ou avant jeudi 10h00 ou jusqu'à demain, selon votre critère d'urgence) à une formation (ou un guide) complète qui va vous permettre de l'utiliser de A à Z, et où je vous guide pas-à-pas pour obtenir tel résultat. Il vous suffit de m'envoyer la facture ou votre reçu de paiement et je vous envoie la formation gratuitement dans la journée."

Pour rappel, il faut que la valeur perçue de la formation que vous offrez gratuitement soit supérieure ou au minimum égale au prix du produit. Vous pouvez aussi indiquer la valeur de la formation: *"vous avez droit à une formation d'une valeur de X euros"*.

De même rappelez-vous que l'ajout d'urgence doit être inférieur à quatre jours. Au delà, les résultats seront moindres car ça ne risque plus d'être perçu comme de l'urgence.

Voici un autre exemple, si vous faites par exemple la promotion d'un logiciel en anglais qui permet de référencer vos vidéos pour apparaître en première page de Youtube et Google, vous pouvez dire:

"Si vous achetez ce logiciel en passant par le lien suivant dans les X prochaines heures/jours, il vous suffit de m'envoyer par email votre facture ou numéro de paiement Paypal et je vous envoie une formation en français qui vous montre comment l'installer et comment vous pouvez référencer n'importe quelle vidéo en première page de Youtube d'ici 20 minutes, à la différence de ceux qui font leur référencement eux-mêmes et qui n'arrivent jamais à faire mieux que la cinquième ou sixième page."

Bref vous voyez l'idée.

Trouvez votre style pour amener votre offre, en y incluant obligatoirement les deux leviers que sont l'ajout de valeur et l'urgence.

Créez maintenant votre article écrit ou votre vidéo sous forme de mini tutoriel en y amenant votre offre à la fin, comme vu aux étapes 1 et 2.

Une fois que c'est fait, vous pouvez passer à la suite.

Etape 3: La Formation Que Vous Offrez

Vous allez voir ici comment créer la formation que vous allez offrir gratuitement en seulement quelques minutes.

Comme ça a été évoqué précédemment dans le module 1, il n'est absolument pas question d'y passer des semaines ou des mois, comme vous le feriez par exemple pour créer votre propre produit.

Il ne s'agit pas ici de vendre une formation, mais simplement d'aider les gens à prendre l'outil en main.

Une simple fichier PDF de deux à quatre pages ou une vidéo d'une dizaine de minutes pendant laquelle vous filmez votre écran en expliquant la procédure suffit amplement.

Pour réaliser une vidéo en screencast (c'est-à-dire en filmant votre écran), deux des meilleurs logiciels sont certainement Screenflow pour mac et Camtasia pour Windows.

Voici quelques exemples de formations que vous pouvez créer en quelques minutes et offrir gratuitement:

Exemple 1

Un fichier PDF de trois pages comprenant une liste de points pour obtenir tel ou tel résultat. Dans le cas d'un plugin Photoshop pour éliminer le bruit (les parasites) d'une image, la liste de points du fichier PDF peut être la procédure pour faire les réglages précis pour optimiser la suppression du bruit.

Exemple 2

Si vous avez fait la promotion d'un logiciel de création de vidéo à l'aide d'animations, une vidéo de sept minutes peut montrer où il faut cliquer et la démarche à suivre pour avoir sa première vidéo prête en quelques clics de souris: ajouter les slides, changer la couleur du fond d'écran, ajouter du texte et des images, les positionner, choisir la musique de fond, enregistrer la voix pour commenter les slides, exporter le tout dans le bon format etc.

Créez maintenant votre formation sur votre produit d'affiliation.

Une fois créée, vous pouvez la compresser en fichier zip et l'uploader sur votre site web ou mieux, sur un serveur dédié tel qu'Amazon S3 qui permettra de ne pas surcharger votre serveur web en cas de forte demande.

Dès que vous avez mis ça en place, vous pouvez passez à l'étape 4.

Etape 4: La Capture De L'Email Client

Une fois que la personne a acheté votre produit d'affiliation en cliquant sur votre lien et qu'elle vous envoie un email pour vous demander de lui envoyer la formation gratuite à laquelle elle a droit, vous allez profiter de ce moment pour capturer son adresse de la façon suivante.

Vous n'allez pas ici vous contenter de répondre gentiment à son email en lui envoyant simplement la formation et ne plus jamais la revoir ensuite.

A la place, voici ce que vous allez faire:

Vous allez lui envoyer un lien vers une page cachée que vous aurez créée sur votre blog, c'est-à-dire une page avec une adresse un peu compliquée qu'on peut difficilement deviner.

Cette page contiendra un formulaire d'inscription sur laquelle la personne devra s'inscrire en mettant par exemple son prénom et son adresse email.

Une fois qu'elle aura saisi son prénom et son adresse email, elle sera alors automatiquement ajoutée à votre mailing liste.

Elle recevra alors le lien pour accéder ou télécharger votre formation immédiatement dans le premier email de follow-up, c'est-à-dire l'email qu'elle recevra automatiquement de votre autorépondeur dès qu'elle se sera inscrite sur le formulaire de votre page cachée.

De cette manière, vous construisez une liste de vos clients qui ne partent plus dans la nature.

Cette liste vaut de l'or car vous pourrez par la suite redémarcher ces clients pour leur vendre d'autres produits plutôt que de faire un gros coup unique et isolé, et ainsi créer un véritable business à long terme.

Vous verrez exactement comment faire ça dans le module 4.

Automatisez vos réponses

Pour gagner du temps, vous pouvez voir à automatiser le processus de réponse lorsqu'un client vous envoie un email pour vous demander de recevoir sa formation gratuite.

La première étape consiste à semi-automatiser votre réponse, en créant un mail de remerciement standard.

Cet email contiendra le lien vers votre page de capture secrète, où la personne devra s'inscrire pour recevoir sa formation gratuite.

Ainsi, dès que vous recevez un email d'une personne qui vous demande de lui envoyer la formation, vous n'avez qu'à copier/coller votre email standard et l'envoyer directement à la personne.

Pour aller encore plus loin, vous pouvez voir comment vous pouvez envoyer votre email standard automatiquement, sans avoir besoin de le faire à la main à chaque fois qu'un client vous écrit.

Si par exemple vous demandez aux gens de vous écrire sur une adresse Gmail suite à leur achat pour recevoir leur formation gratuite, Gmail offre la possibilité d'identifier automatiquement des mots-clés dans les emails reçus, et d'envoyer une réponse automatiquement si ces emails contiennent le ou les bons mots-clés.

Vous pouvez ainsi très bien créer une réponse automatique en envoyant votre email dès qu'un message reçu contient des mots-clés tels que "facture", "numéro de facture", "reçu Paypal", etc.

Regardez les options d'automatisation possibles selon votre fournisseur d'adresse email, et automatisez le processus au maximum.

Créez maintenant votre page cachée sur votre blog avec le formulaire d'inscription, ainsi que le premier email de follow-up de votre autorépondeur qui contiendra le lien vers votre formation.

Dans l'hypothèse où vous n'auriez pas encore d'autorépondeur, il existe de nombreux services dont deux des meilleurs sont AWeber ou Getresponse.

Dans un deuxième temps, voyez comment vous pouvez automatiser ou semi-automatiser votre réponse pour répondre à un client qui vous envoie un email afin de recevoir sa formation gratuite.

Votre Système De Promotion En Quatre Etapes Est Prêt!

Si vous êtes arrivés à ce stade, c'est que vous venez de mettre en place le système de promotion complet en quatre étapes que vous venez de voir.

Dès que vous le souhaiterez, vous pourrez déclencher ce système en postant sur votre blog votre article tutoriel.

Vous veillerez à informer un maximum de personnes de votre post, via votre mailing liste ou via les réseaux sociaux.

Le grand avantage de ce système pour les réseaux sociaux, est que vous enverrez les gens vers un tutoriel qui va les intéresser et leur prouver que vous pouvez leur apprendre quelque chose, et non pas vers une offre commerciale à laquelle ils ne seront pas sensibles.

En effet, les gens vont sur des réseaux sociaux comme Facebook ou Twitter avant tout pour se détendre, apprendre ou jouer, mais en aucun cas pour acheter.

Vous pouvez aussi compléter si besoin la diffusion de votre post de blog en informant les gens par de la publicité payante, par exemple par des posts sponsorisés sur d'autres blogs, en achetant des mailings, en utilisant les publicités au coût par clic sur des plateformes comme Facebook, Google ou Bing etc.

Il est aussi possible de rajouter à ce système de base une surcouche avec une cinquième étape bonus.

Cette étape est tout à fait optionnelle, mais elle peut vous aider à capturer les visiteurs avant même qu'ils n'aient acheté votre produit d'affiliation, et ainsi construire une mailing liste avec un ensemble de prospects que vous pourrez démarcher à nouveau au cas où ils n'achètent pas votre produit du premier coup.

Cette étape est détaillée dans la partie suivante.

Etape Bonus: Capturer l'Adresse Email Des Prospects

Si vous choisissez de faire la promotion de votre mini tutoriel de blog à des personnes qui ne sont pas déjà inscrites à votre mailing liste, par exemple si vous décidez d'utiliser la publicité payante pour obtenir de nouveaux prospects, il peut être judicieux de rajouter une surcouche à votre système de promotion de base en quatre étapes.

Cette surcouche va vous permettre de ne pas laisser filer et de perdre la trace des prospects qui vont sur votre article de blog sans acheter, afin de pouvoir les relancer par la suite.

Elle consiste à créer en amont de votre système de promotion une page de capture d'adresse email sur laquelle vous allez envoyer tous vos visiteurs, avant même qu'ils ne voient votre article de blog avec le mini tutoriel.

Cette page de capture va contenir un formulaire d'inscription avec une promesse forte qui va donner envie aux visiteurs de s'inscrire pour voir la suite, donc ici pour voir votre mini-tutoriel.

Essayez de faire une promesse qui procure à la fois un bénéfice fort et de la curiosité, sans en dire trop.

Si par exemple votre mini-tutoriel porte sur un logiciel de création vidéo, vous pouvez dire:

"Découvrez comment créer des vidéos professionnelles en 5 minutes", ou *"le secret pour créer en 7 minutes des vidéos qui se vendent 499€"*.

Bref, vous voyez l'idée. Les gens doivent avoir envie de s'inscrire et ne pas pouvoir résister à voir la suite.

Dès qu'un visiteur s'inscrit, il sera automatiquement dirigé sur votre post de blog qui contient le mini tutoriel.

De cette manière, ces visiteurs seront inscrits sur une mailing liste de prospects, et vous pourrez les relancer ensuite au cas où ils n'ont pas acheté votre produit d'affiliation directement.

Cette étape bonus est optionnelle, mais je vous conseille de la faire, en particulier si vous voulez agrandir votre liste de nouveaux prospects rapidement.

Ça aura non seulement pour effet d'augmenter vos ventes par le fait de pouvoir relancer ces prospects, mais ça vous permettra aussi de rendre bien plus rentables les publicités payantes que vous faites pour acquérir de nouveaux prospects.

Vous connaissez maintenant tout ce qu'il faut savoir sur le système de promotion en quatre étapes, et vous pouvez si vous le souhaitez utiliser l'étape bonus pour capitaliser l'acquisition de nouveaux prospects.

Votre système de promotion est maintenant prêt et vous pouvez désormais le lancer en postant votre mini tutoriel sur votre blog, et en utilisant tous les moyens vus précédemment pour informer un maximum de personnes de votre lancement.

Vous verrez rapidement que les résultats avec un tel système n'ont plus rien à voir avec les méthodes classiques de faire de l'affiliation.

Le but ensuite est de renouveler ce système de base pour ne pas seulement faire un seul gros coup avec un seul produit, mais de monter un réel business ultra lucratif pour les années à venir.

C'est ce que vous allez voir dans le module suivant, où vous découvrirez comment vous pouvez créer un véritable business à long terme duquel vous pouvez vivre et devenir riche en utilisant uniquement l'affiliation.

MODULE #4: CRÉEZ VOTRE BUSINESS A LONG TERME

A la fin de ce module, vous saurez comment créer un business à long terme sur la base de tout ce que vous avez appris dans les précédents modules.

Ce business vous permettra de vivre et devenir riche en utilisant uniquement l'affiliation pendant plusieurs années et aussi longtemps que vous le voudrez, plutôt que de faire un seul gros coup et vous arrêter là.

Vous allez ainsi voir dans une première partie la manière exacte d'organiser votre blog autour de l'affiliation pour ne pas que les visiteurs aient l'impression d'être systématiquement bombardés d'offres et se mettent à déserter.

Vous verrez ensuite la manière astucieuse pour continuer à vendre des produits d'affiliation à vie aux clients qui ont acheté une seule fois chez vous, et surtout que ces clients soient satisfaits de ce que vous leurs proposez.

Enfin, vous découvrirez comment vous pouvez recycler vos offres passées et continuer à faire des ventes même quand la période de promotion d'une offre est passée.

Montez Un Blog Pédagogique

L'idée est d'adapter votre blog existant ou de monter un blog pédagogique complètement nouveau, qui va miser à la fois sur des choses gratuites et payantes.

De cette manière, vos visiteurs ne vont pas avoir l'impression que vous cherchez à leur refourguer quelque chose à chaque fois que vous créez un article, ce qui peut les faire se désintéresser de votre blog à la longue voire déserter.

Par exemple, vous pouvez proposer la première semaine un petit tutoriel sur un outil gratuit (un logiciel, un plugin, un script, un service en ligne etc.) qui montre comment obtenir un résultat donné ou qui montre un avantage de l'outil.

Les gens pourront alors utiliser votre tutoriel gratuitement sur un outil qui ne leur coûtera rien du tout à se procurer.

Ensuite, la deuxième semaine, vous pouvez faire la promotion d'un produit d'affiliation en utilisant le système de promotion vu au module précédent, en leur offrant une formation gratuite après l'achat s'ils se procurent le produit avant une certaine date limite.

Puis la troisième semaine, vous recommencez à faire un mini tutoriel sur un produit gratuit et ainsi de suite.

L'idée est d'alterner les tutoriels sur des produits gratuits et sur des produits payants, pour que les gens ne se disent pas qu'il va falloir systématiquement ouvrir leur portefeuille.

De cette manière, vous avez plus de chances de garder longtemps vos visiteurs qui ne se diront pas que vous cherchez uniquement à leur vendre quelque chose, et vous créerez ainsi un engagement beaucoup plus fort sur la durée.

Comment Continuer A Vendre A Vie A Vos Clients

Une fois qu'un prospect est devenu client en ayant acheté un de vos produits, son email figure alors normalement votre mailing liste puisque vous l'avez capturé en utilisant le système de promotion en quatre étapes détaillé dans le module 3.

Vous allez alors pouvoir le relancer régulièrement et indéfiniment sur d'autres produits d'affiliation, mais pas n'importe comment.

Il ne va pas s'agir de lui proposer par la suite n'importe quel produit sans rapport avec ce qu'il a acheté chez vous.

Si vous le relancez comme ça, d'une part il risque de ne pas être intéressé par vos nouveaux produits d'affiliation, et d'autre part il risque de se sentir harcelé par des emails qui ne correspondent pas à ses besoins et donc de se désinscrire de votre mailing liste.

Pour que votre business soit durable, il faut donc réussir à garder vos clients inscrits sur votre mailing liste le plus longtemps possible.

Voici la manière de le faire:

Dès qu'un client vous a acheté un produit, vous allez ensuite lui envoyer des mailings pour lui proposer uniquement des produits qui résolvent des problèmes qui ont été ouverts par le produit d'affiliation qu'il vient juste de vous acheter.

Par exemple, si le premier produit que vous lui avez vendu est un logiciel pour créer sa première vidéo promotionnelle de qualité professionnelle, votre client a donc normalement réussi avec ce logiciel et votre formation gratuite à créer sa première vidéo.

Mais maintenant qu'il l'a créée, il a d'autres problèmes qui s'ouvrent: par exemple, comment faire pour que sa vidéo apparaisse en première page de Youtube une fois qu'il va l'uploader, et ainsi lui donner une visibilité maximale?

Vous pourrez alors lui proposer un deuxième logiciel qui va lui permettre de faire apparaitre sa vidéo en première page de Google et Youtube en quelques clics de souris.

Et ainsi de suite.

De cette manière, vous pourrez continuer de vendre de nouveaux produits pour très longtemps.

En effet, vous serez sûrs qu'ils correspondront à des problèmes que vos clients rencontrent réellement et qu'ils seront donc susceptibles d'être très intéressés par ce que vous leur proposez.

Que Faire De Vos Offres Une Fois Que Votre Promotion Est Terminée

Une fois que vous avez mis en place un système de promotion d'un produit d'affiliation selon le modèle en quatre étapes du module 3, vous avez donc créé une formation que vous allez donner gratuitement pendant une durée limitée pour tous ceux qui achètent votre produit durant cette durée limitée.

Mais que faire ensuite de votre offre et de votre formation une fois que cette durée (pour rappel idéalement inférieure à quatre jours) est passée?

Voici quatre solutions pour pouvoir prolonger, recycler ou repackager vos offres et vos formations pour qu'elles ne vous restent pas sur le dos une fois la période de promotion terminée.

Solution 1: Prolonger l'offre en faisant des paliers

Il y a deux moyens de faire des paliers.

Le premier est de faire un palier temporel, en rallongeant la durée de l'offre une deuxième fois pour une période inférieure à quatre jours.

Par exemple si la durée initiale de votre offre est de deux jours, vous pouvez dire à votre audience au bout de deux jours:

"Vu le succès de l'offre, je décide de rallonger de deux jours supplémentaires la possibilité pour vous d'obtenir la formation gratuite si vous commandez le produit en passant par ce lien."

Evidemment, ne faites pas ça à chaque fois sinon les gens vont s'attendre à ce que vous fassiez ça à chaque fois et l'effet d'urgence ne fonctionnera plus.

C'est pourquoi pour prolonger l'offre vous pouvez utiliser cette deuxième alternative, qui consiste à donner un autre élément bonus en plus de la formation.

Par exemple si votre produit est un plugin pour Photoshop, votre bonus peut être un autre petit tutoriel PDF ou vidéo pour expliquer comment créer un autre effet qui n'était pas prévu à l'origine dans la formation que vous offrez gratuitement.

L'idée est alors de proposer gratuitement durant la durée de l'offre à la fois la formation d'origine et le plugin pour créer cet effet supplémentaire.

Puis à la fin de l'offre, vous retirez la possibilité d'avoir le bonus mais gardez la possibilité d'avoir la formation gratuitement pour une autre durée additionnelle inférieure à quatre jours.

Par exemple vous pouvez dire à la fin de la période de validité de l'offre:

"Vous n'avez plus droit au bonus pour créer l'effet Photoshop supplémentaire, mais vous avez encore droit à la formation gratuite si vous achetez ce logiciel en passant par ce lien dans les deux jours."

Avec ces deux astuces, vous pourrez alors prolonger légèrement la durée de vos offres tout en conservant l'effet d'urgence.

Evidemment, essayez de faire cette prolongation de manière ponctuelle pour ne pas que les gens s'y habituent afin de toujours avoir l'effet d'urgence.

Vous allez voir dans les pages qui suivent comment vous pouvez recycler les formations et gagner de l'argent avec, afin qu'elles ne vous restent pas sur le dos une fois que la période de promotion et sa prolongation éventuelle sont terminées.

Solution 2: Refaire une promotion à intervalles réguliers

Une fois que la durée de votre offre est terminée, au lieu qu'elle vous reste sur le dos, vous pouvez en refaire la promotion à intervalles réguliers.

Par exemple tous les mois ou tous les deux mois, vous pouvez relancer votre offre.

Choisissez une durée assez éloignée pour que les gens aient plus ou moins oublié que vous en avez fait la promotion par le passé.

Solution 3: Vendre votre formation ou vendre un pack de formations

Une fois la période de promotion de l'offre terminée, vous pouvez choisir de mettre en vente sur votre site la formation que vous donniez gratuitement.

Vous pouvez préciser lorsque vous amenez votre offre (voir module 3) que vous comptez mettre en vente la formation que vous donnez gratuitement dès que la période de promotion est terminée.

Ça marche très bien et ça aura pour effet d'augmenter la valeur perçue.

Par exemple vous pouvez dire au moment où vous amenez l'offre:

"Je compte vendre ce guide pour X euros à partir de jeudi, mais jusqu'à jeudi vous pouvez le télécharger gratuitement si vous achetez le produit."

Une autre alternative est ensuite de vendre un pack de formations que vous avez faites sur différents produits d'affiliation.

Par exemple, si vous avez cinq produits d'affiliation et que les formations que vous avez faites sur ces produits sont des choses assez courtes et petites pour être vendues séparément, vous pouvez en gonfler la valeur en vendant sur votre site un pack avec ces cinq formations.

Enfin, vous pouvez même aller encore plus loin pour les produits d'affiliation qui ont très bien marché, et développer et vendre une formation plus longue qui résout davantage de problèmes.

Vous savez maintenant comment recycler les formations que vous offrez gratuitement et gagner encore de l'argent avec, une fois que la période de promotion de votre offre est terminée.

En dernier lieu, vous allez voir dans la page suivante comment vous pouvez faire un repackaging et recréer une offre totalement nouvelle à partir de plusieurs produits d'affiliation existants.

Solution 4: Proposer une bundle de produits

Au lieu de proposer un seul produit d'affiliation et une formation gratuite, vous pouvez repackager une nouvelle offre autour de deux produits qui se complètent, et créer pour l'occasion une formation qui permet d'utiliser ces deux produits ensemble.

Par exemple si vous avez deux produits d'affiliation différents tels que deux plugins Photoshop dont le cumul des effets donne un rendu d'image particulier.

Vous pouvez très bien repackager et amener votre offre en disant:

"Si vous achetez les deux plugins maintenant, vous allez pouvoir télécharger une méthode qui vous montre comment vous pouvez cumuler leurs effets pour obtenir ce résultat impressionnant."

Ainsi, non seulement ça peut vous permettre de récréer une offre totalement nouvelle autour de plusieurs produits d'affiliation, mais ça peut aussi vous permettre d'augmenter instantanément vos gains en vendant d'un seul coup deux produits plutôt qu'un seul.

Ceci termine le module 4 et vous savez maintenant comment vous pouvez monter un business complet uniquement autour de l'affiliation qui durera des années, aussi longtemps que vous le souhaiterez.

Vous savez donc comment amener vos offres sur votre blog pour que les visiteurs continuent à être engagés et n'aient pas l'impression que chaque tutoriel que vous mettez est fait pour leur vendre quelque chose.

Vous savez également comment vous pouvez vendre sans fin de nouveaux produits d'affiliation à vos clients existants sans qu'ils se sentent harcelés et qu'au contraire, ils soient satisfaits de tomber sur vos offres.

Enfin, vous savez exactement quoi faire avec vos offres une fois que la période de promotion est passée.

Comme vous le voyez, les idées ne manquent pas pour prolonger, recycler ou repackager vos produits d'affiliation et vos formations et vous pourrez certainement en trouver de nouvelles.

Il reste à se retrouver dans la page suivante pour conclure cette formation.

CONCLUSION

Si vous avez bien appliqué tout ce que vous avez appris dans cette formation, vous avez déjà pu mettre en place dès ce soir un système de promotion pour réellement obtenir des résultats avec l'affiliation.

Vous avez pu voir que ce système n'a rien à voir avec les manières classiques de faire de l'affiliation, et va vous permettre de générer des gains qui n'ont plus rien à voir avec ce que vous pouviez espérer gagner avant avec les anciennes techniques qui ne rapportent bien souvent que des miettes, mais que pourtant 99% des gens utilisent toujours.

Vous avez aussi vu comment vous pouvez monter un business à long terme qui va vous permettre de vivre et devenir riche uniquement en faisant de l'affiliation.

Si vous continuez et mettez en place ce modèle de business à long terme, vous obtiendrez d'ici douze mois des résultats incroyables, car vous aurez accumulé de gros gains avec de nombreux produits d'affiliation.

Vous aurez aussi une maîtrise encore plus parfaite du système de promotion que vous avez appris dans cette formation, de par les nombreuses offres que vous aurez déjà réalisées, et donc aurez gagné en efficacité.

Je vous souhaite tous mes voeux de succès avec l'affiliation, et vous dis à bientôt peut-être dans une nouvelle formation.

A PROPOS DE L'AUTEUR

Rémy Roulier est un ancien ingénieur informatique et responsable marketing dans une multinationale. Il est aujourd'hui digital nomad et voyage partout dans le monde, et a acquis depuis plus de dix ans une véritable expertise dans le marketing internet et le développement personnel.

Il partage aujourd'hui ses outils et son expérience pour permettre aux autres d'atteindre également leur indépendance financière et de façonner leur vie telle qu'ils la désirent vraiment.

CRÉATIONS DU MÊME AUTEUR

Retrouvez mes nombreuses créations directement sur Amazon.

En voici aussi quelques-unes qui peuvent vous servir :

TITRES QUI VENDENT:
DANS 47 MINUTES VOUS ECRIREZ DES TITRES FACEBOOK, ADWORDS, BLOG, PAGE DE VENTE, EMAIL COMME UN PRO DU COPYWRITING!
Découvrez les secrets et les 101 meilleurs templates pour créer des titres chocs qui vont vous rapporter (très) gros, et acquérir les compétences des meilleurs copywriters en seulement 47 minutes!

ECRIRE UN EBOOK IRRESISTIBLE EN UN WEEK-END:
LA NOUVELLE METHODE POUR ECRIRE UN LIVRE QUE LES LECTEURS ADORENT, PRET A VENDRE LUNDI MATIN.
Laissez-vous guider par une procédure simple et d'une efficacité redoutable pour créer en seulement un week-end un ebook que les gens vont s'arracher, même si vous n'êtes pas expert dans un domaine.

DEVENIR RICHE EN 42 JOURS:
LA METHODE PAS-A-PAS POUR.GAGNER DE L'ARGENT SUR INTERNET ET
VIVRE SES REVES EN PARTANT DE RIEN.

Une méthode prouvée qui vous guide pas-à-pas et vous permet d'atteindre votre indépendance financière en 42 jours grâce à Internet, même si vous démarrez actuellement de rien. Un must à ne pas manquer.

VOTRE PREMIER SMIC SUR INTERNET EN 72 HEURES:
LE SYSTEME INEDIT LE PLUS RAPIDE POUR GAGNER DE L'ARGENT SUR
INTERNET QUAND ON N'A PAS LE TEMPS ET GENERER 1200 EUROS EN 3
JOURS SANS CREER DE PRODUIT.

Une méthode inédite pour générer vos premiers 1200 euros en ligne en seulement 3 jours et sans créer de produit. A posséder absolument pour tous ceux qui n'ont plus le temps ou qui ont déjà tout essayé pour gagner de l'argent sur Internet. Cette méthode va tout changer.